自分に負けないこころをみがく！

こども武《ぶ》士《し》道《どう》

監修
齋藤 孝

日本図書センター

はじめに

『武士道《ぶしどう》』は、いまから100年以上《ねんいじょう》むかしの明治時代《めいじじだい》、新渡戸稲造《にとべいなぞう》という人《ひと》が英語《えいご》で書《か》いた本《ほん》です。はじめは外国《がいこく》の人《ひと》に、日本《にほん》を紹介《しょうかい》するために書《か》かれたこの『武士道《ぶしどう》』は、いまでは「どうすればこころを強《つよ》くすることができるか?」を教《おし》えてくれる本《ほん》として、世界中《せかいじゅう》の人《ひと》に愛《あい》されています。

ぼくも、『武士道《ぶしどう》』が大好《だいす》きです。弱気《よわき》な自分《じぶん》に負《ま》けてしまいそうなときに、『武士道《ぶしどう》』は新《あたら》しい勇気《ゆうき》をあたえてくれるので、読《よ》むたびにいつも、背《せ》すじがすっとのびる気《き》がします。

『武士道《ぶしどう》』は、武士《ぶし》のこどもたちが教《おそ》わってきたたくさんの知恵《ちえ》がつまったもの。そこにある、勇気《ゆうき》をもって生《い》きていくためのヒントは、いま読《よ》んでも、とっても新鮮《しんせん》なものばかりです。

そんな『武士道《ぶしどう》』はきっと、いまのこどもたちだって、はげましてくれるはず！　そう思《おも》って、ぼくはこの『自分《じぶん》に負《ま》けないこころをみがく！　こども武《ぶ》士道《しどう》』をつくりました。

この本《ほん》では、とくにみなさんに知《し》っておいてもらいたい『武士道《ぶしどう》』の24のことばを、「こども訳《やく》」にしてわかりやすく紹介《しょうかい》しました。はじめから順番《じゅんばん》に読《よ》んでみたり、気《き》になることばやイラストをながめてみたり……。この本《ほん》を自由《じゆう》な気《き》もちで楽《たの》しんでみてください。

みなさんが、この本《ほん》で出会《であ》ったことばによって、勇気《ゆうき》をもって生《い》きていくことができますように！

齋藤《さいとう》 孝《たかし》

もくじ

第《だい》3章《しょう》　人《ひと》とよい関係《かんけい》をつくるには？

第《だい》4章《しょう》 もっと自分《じぶん》を成長《せいちょう》させるには?

この本《ほん》の読《よ》み方《かた》

『武士道《ぶしどう》』は、さまざまな場面《ばめん》で、きみがどう考《かんが》え、問題《もんだい》にどう向《む》き合《あ》うべきかを教《おし》えてくれるヒントがつまっているよ。くり返《かえ》し読《よ》んで、自分《じぶん》に負《ま》けないこころをみがこう！

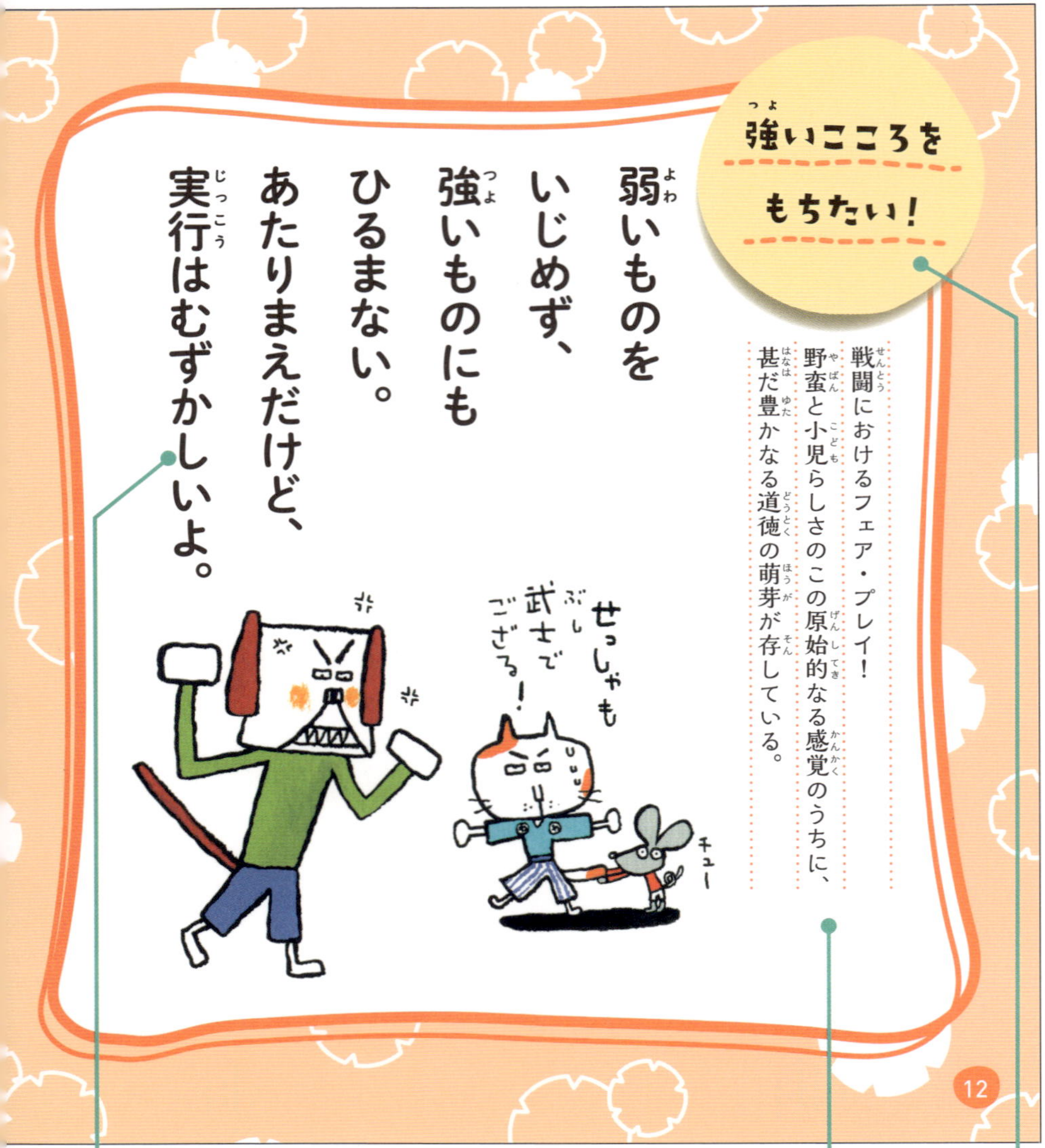
強《つよ》いこころをもちたい！

戦闘《せんとう》におけるフェア・プレイ！
野蛮《やばん》と小児《こども》らしさのこの原始的《げんしてき》なる感覚《かんかく》のうちに、
甚《はなは》だ豊《ゆた》かなる道徳《どうとく》の萌芽《ほうが》が存《そん》している。

弱《よわ》いものを
いじめず、
強《つよ》いものにも
ひるまない。
あたりまえだけど、
実行《じっこう》はむずかしいよ。

12

そのことばが**役立《やくだ》つ場面《ばめん》**を紹介《しょうかい》しているよ。きみの状況《じょうきょう》や気《き》もちに合《あ》ったことばが見《み》つけられるよ。

『武士道《ぶしどう》』を**日本語《にほんご》に訳《やく》した文章《ぶんしょう》**だよ。声《こえ》に出《だ》して読《よ》んでみよう。

ことばをわかりやすく説明《せつめい》した**こども訳《やく》**だよ。ユニークなイラストといっしょなら、ことばの理解《りかい》が深《ふか》まるはず。

第《だい》1章《しょう》　弱《よわ》い自分《じぶん》を強《つよ》くするためには？

正々堂々《せいせいどうどう》でスタート！

たくさんの人《ひと》を勇気《ゆうき》づけ、そのこころを支《ささ》えてきた『武士道《ぶしどう》』。そのキホンはフェア・プレイ、つまり「弱《よわ》いものをいじめず、強《つよ》いものにもひるまない」ということ。『武士道《ぶしどう》』は卑怯《ひきょう》だったり、臆病《おくびょう》だったりする自分《じぶん》を、はずかしいと考《かんが》えていたよ。

そんなのあたりまえって、きみは思《おも》うかもしれないね。でもそれは、実際《じっさい》にはむずかしいことだよ。きみは、相手《あいて》が自分《じぶん》より立場《たちば》が弱《よわ》いと強気《つよき》な態度《たいど》になったり、反対《はんたい》に、強《つよ》い立場《たちば》の人《ひと》だと、急《きゅう》に弱気《よわき》になることはないかな？　よく考《かんが》えてみると、きっとドキッとすることがあると思《おも》うよ。

油断《ゆだん》すると、人《ひと》はついそんな態度《たいど》をとってしまうもの。だからこそ『武士道《ぶしどう》』は、あえてこのことばをキホンとしているんだ。気《き》づかないうちに、卑怯《ひきょう》で臆病《おくびょう》になってしまってはいけないよ。いつも「正々堂々《せいせいどうどう》」な自分《じぶん》をめざそう！

13

身近《みぢか》な出来事《できごと》などを例《れい》にしながら、こども訳《やく》を**くわしく解説《かいせつ》**しているよ。むずかしいときは、おとなに聞《き》いてみよう。

きみにおぼえておいてほしいことを、**アドバイス**としてまとめているよ。

＊この本《ほん》で紹介《しょうかい》している訳文《やくぶん》は、『武士道《ぶしどう》』（新渡戸稲造《にとべいなぞう》・矢内原忠雄《やないはらただお》訳《やく》・岩波文庫《いわなみぶんこ》）を参照《さんしょう》し、一部《いちぶ》〔　〕で内容《ないよう》を補足《ほそく》しました。また引用《いんよう》の出典《しゅってん》は次《つぎ》の通《とお》りです。

※1 幕末《ばくまつ》の志士《しし》、真木和泉《まきいずみ》のことば。　※2 孔子《こうし》の『論語《ろんご》』のことば。

※3 江戸時代《えどじだい》の学者《がくしゃ》、熊沢蕃山《くまざわばんざん》のことば。戦国時代《せんごくじだい》の武将《ぶしょう》、山中鹿之介《やまなかしかのすけ》の作《さく》ともいわれる。

おぼえておきたい キーワード

この本《ほん》では、『武士道《ぶしどう》』のことばをわかりやすく説明《せつめい》した「こども訳《やく》」といっしょに、翻訳文《ほんやくぶん》も紹介《しょうかい》しているよ。ここでは、翻訳文《ほんやくぶん》に出《で》てくる８つのキーワードを解説《かいせつ》しておくね。『武士道《ぶしどう》』の世界《せかい》が、ぐっと身近《みぢか》に感《かん》じられるよ！

1. 名誉《めいよ》 ➡ 誇《ほこ》り、人《ひと》から認《みと》められること
2. 分《ぶん》 ➡ それぞれの人《ひと》がやるべきこと
3. 節義《せつぎ》 ➡ なにが正《ただ》しいか考《かんが》えて行動《こうどう》すること
4. 勇《ゆう》 ➡ 勇気《ゆうき》があること
5. 礼《れい》 ➡ 相手《あいて》を気《き》づかった、ていねいな動作《どうさ》
6. 忠義《ちゅうぎ》 ➡ 自分《じぶん》が仕《つか》えている人《ひと》のために、全力《ぜんりょく》ではたらくこと
7. 仁《じん》 ➡ 相手《あいて》へのやさしいこころ
8. 品性《ひんせい》 ➡ ひとがら

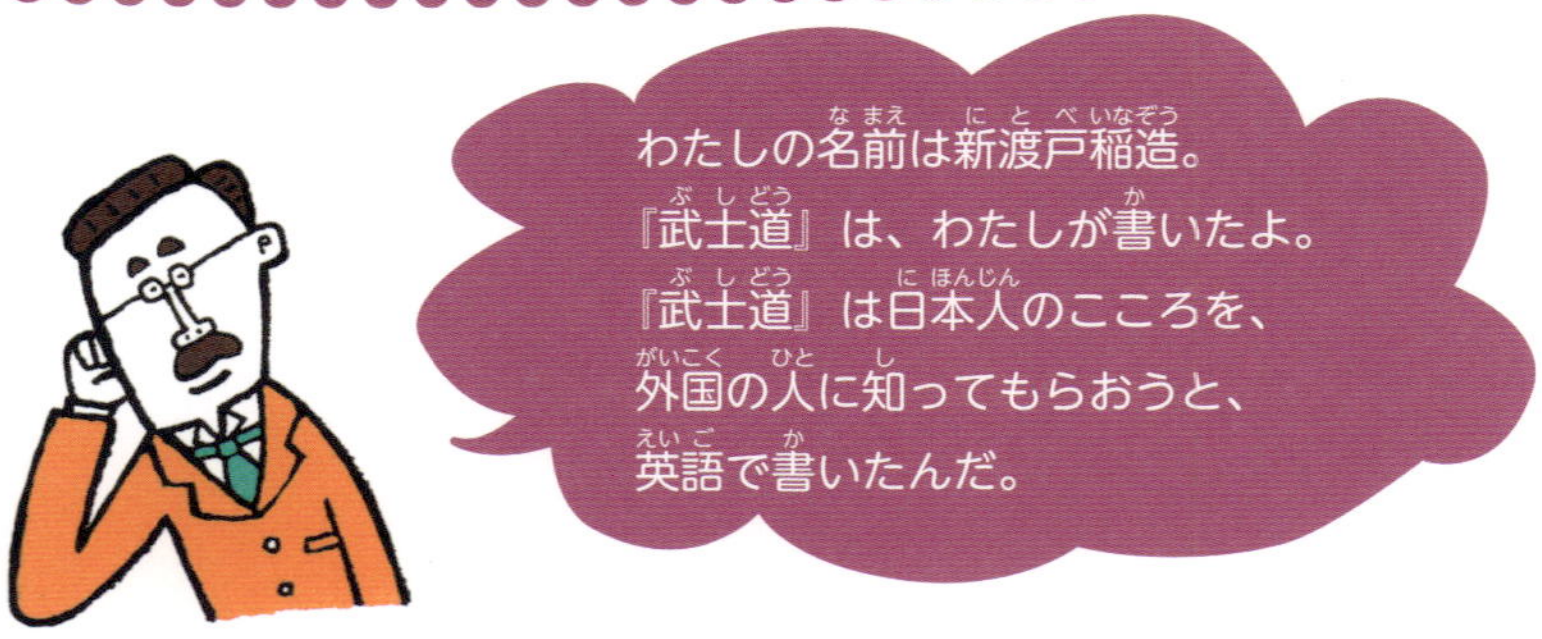
わたしの名前《なまえ》は新渡戸稲造《にとべいなぞう》。
『武士道《ぶしどう》』は、わたしが書《か》いたよ。
『武士道《ぶしどう》』は日本人《にほんじん》のこころを、
外国《がいこく》の人《ひと》に知《し》ってもらおうと、
英語《えいご》で書《か》いたんだ。

第《だい》1章《しょう》 弱《よわ》い自分《じぶん》を強《つよ》くするためには？

「どうしても弱気《よわき》になっちゃう……」「やりぬくことができない！」。
この章《しょう》では、自信《じしん》がなかったり、気《き》もちがくじけたりしたときに、
どうすれば強《つよ》いこころがもてるかを学《まな》ぼう！

強《つよ》いこころをもちたい！

弱《よわ》いものを
いじめず、
強《つよ》いものにも
ひるまない。
あたりまえだけど、
実行《じっこう》はむずかしいよ。

戦闘《せんとう》におけるフェア・プレイ！
野蛮《やばん》と小児《こども》らしさのこの原始的《げんしてき》なる感覚《かんかく》のうちに、
甚《はなは》だ豊《ゆた》かなる道徳《どうとく》の萌芽《ほうが》が存《そん》している。

正々堂々《せいせいどうどう》でスタート！

たくさんの人《ひと》を勇気《ゆうき》づけ、そのこころを支《ささ》えてきた『武士道《ぶしどう》』。そのキホンはフェア・プレイ、つまり「弱《よわ》いものをいじめず、強《つよ》いものにもひるまない」ということ。『武士道《ぶしどう》』は卑怯《ひきょう》だったり、臆病《おくびょう》だったりする自分《じぶん》を、はずかしいと考《かんが》えていたよ。

そんなのあたりまえって、きみは思《おも》うかもしれないね。でもそれは、実際《じっさい》にはむずかしいことだよ。きみは、相手《あいて》が自分《じぶん》より立場《たちば》が弱《よわ》いと強気《つよき》な態度《たいど》になったり、反対《はんたい》に、強《つよ》い立場《たちば》の人《ひと》だと、急《きゅう》に弱気《よわき》になることはないかな？　よく考《かんが》えてみると、きっとドキッとすることがあると思《おも》うよ。

油断《ゆだん》すると、人《ひと》はついそんな態度《たいど》をとってしまうもの。だからこそ『武士道《ぶしどう》』は、あえてこのことばをキホンとしているんだ。気《き》づかないうちに、卑怯《ひきょう》で臆病《おくびょう》になってしまってはいけないよ。いつも「正々堂々《せいせいどうどう》」な自分《じぶん》をめざそう！

自分《じぶん》に自信《じしん》がもてなくて…

「やるべきこと」から逃《に》げない！本物《ほんもの》の自信《じしん》はそこから生《う》まれるよ。

名誉《めいよ》は「境遇《きょうぐう》より生《しょう》ずるのでなく」、各人《かくじん》が善《よ》くその分《ぶん》を尽《つ》すにあることを知《し》った。

4番《ばん》 山田《やまだ》
まんるいホームラン!!
練習《れんしゅう》きついけど、すぶり100回《かい》だ！いつか大《だい》リーグで活躍《かつやく》するぞ!!
ブンッ

目《め》の前《まえ》の課題《かだい》と向《む》き合《あ》おう！

もしきみが、「自分《じぶん》に自信《じしん》がもてない」と悩《なや》んでいるのなら、『武士道《ぶしどう》』のことばをおぼえておいてほしい。

「境遇《きょうぐう》」というのは、もって生《う》まれた能力《のうりょく》や、育《そだ》った環境《かんきょう》のこと。「分《ぶん》」とは、それぞれの「やるべきこと」という意味《いみ》だよ。やるべきことから逃《に》げない。だから人《ひと》からも認《みと》められる。そのときに、はじめて本物《ほんもの》の自信《じしん》を手《て》にすることができると、『武士道《ぶしどう》』はいっているんだ。

運動神経《うんどうしんけい》がよかったり、塾《じゅく》に行《い》かせてもらえたり……。そんな条件《じょうけん》も、きみが自信《じしん》をもつきっかけにはなるだろう。でも、きみがきちんと「やるべきこと」をやって手《て》にした自信《じしん》には、けっしてかなわないよ。

自分《じぶん》が「やるべきこと」は1つ1つ実行《じっこう》する。それを続《つづ》けたときに、きみのこころのなかには、本物《ほんもの》の自信《じしん》が育《そだ》っているはずだよ。

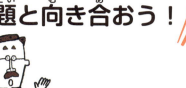

約束《やくそく》を守《まも》れない！

ことばと責任《せきにん》はセット。
まわりの人《ひと》も自分《じぶん》も
たいせつに
するために、
自分《じぶん》のことばは
守《まも》ろう。

「武士《ぶし》の一言《いちごん》」……と言《い》えば、
その言《げん》の真実性《しんじつせい》に対《たい》する十分《じゅうぶん》なる保障《ほしょう》であった。

自分《じぶん》のことばは自分《じぶん》が守《まも》る！

きみは「武士《ぶし》の一言《いちごん》」って、聞《き》いたことはないかな。武士《ぶし》は、いったん口《くち》にした約束《やくそく》は、だれかに証人《しょうにん》になってもらったり、契約《けいやく》したりしなくても、必《かなら》ず守《まも》っていたよ。

家族《かぞく》や友《とも》だちに、いいかげんなことをいったり、約束《やくそく》を守《まも》らなかったり……。もしそんなことを、きみが軽《かる》く考《かんが》えているなら、それはいけないことだよ。きみの無責任《むせきにん》な発言《はつげん》は、まわりの人《ひと》に迷惑《めいわく》をかけるだけではなく、きみ自身《じしん》の誇《ほこ》りを、きずつけてしまうからね。人《ひと》は、1つ1つのことばをだいじにすることで、おたがいの信頼《しんらい》を深《ふか》めて成長《せいちょう》できる。だから自分《じぶん》のことばには責任《せきにん》をもって、きちんと行動《こうどう》しなければいけないんだ。

まわりの人《ひと》も自分《じぶん》もたいせつにするために、自分《じぶん》がいったことはきちんと守《まも》ると決《き》めること！　自分《じぶん》のことばを裏切《うらぎ》らない、それが「武士《ぶし》の一言《いちごん》」だよ。

まわりの人《ひと》に流《なが》されてしまう

人《ひと》のからだには
骨《ほね》が必要《ひつよう》。
人生《じんせい》には
「よいこと」「悪《わる》いこと」
の判断《はんだん》が必要《ひつよう》。

「節義《せつぎ》は例《たと》えていわば人《ひと》の体《からだ》に骨《ほね》あるがごとし。骨《ほね》なければ首《くび》も正《ただ》しく上《うえ》にあることを得《え》ず、手《て》も動《うご》くを得《え》ず、足《あし》も立《た》つを得《え》ず」。※1

牛乳《ぎゅうにゅう》を飲《の》んで骨《ほね》を強《つよ》く
MILK
こういうこと？
いや、自分《じぶん》の考《かんが》えをしっかりもつということだと思《おも》います

自分《じぶん》で判断《はんだん》する力《ちから》をつける！

いつも人《ひと》の意見《いけん》に流《なが》されてしまって、きちんとした自分《じぶん》の意見《いけん》がもてない……。そういうことってきみにもあるかな？『武士道《ぶしどう》』は、ものごとの判断《はんだん》が自分《じぶん》でできない人《ひと》は、「骨《ほね》なし」だといっているよ。どういうことだろう？

骨《ほね》というのは、人《ひと》のからだにとってたいせつなもの。骨《ほね》がないと人間《にんげん》は、クラゲみたいにグニャグニャになってしまうからね。骨《ほね》があるからこそ、首《くび》をまっすぐにして頭《あたま》をのせて、足《あし》で歩《ある》いたり、手《て》を動《うご》かしたりできるんだよ。

同《おな》じように、人《ひと》が生《い》きるには骨《ほね》の役割《やくわり》をはたす「節義《せつぎ》」がたいせつ。つまり、自分《じぶん》の力《ちから》でなにが正《ただ》しいかを判断《はんだん》して行《こう》動《どう》することが必要《ひつよう》だよ。それがあってはじめて、きみはしっかりと生《い》きていくことができるんだ。

グニャグニャの骨《ほね》なし人間《にんげん》にならないように、自分《じぶん》の力《ちから》で判断《はんだん》して生《い》きる！　それがだいじだよ。

心配《しんぱい》で しかたがない

礼儀《れいぎ》や作法《さほう》は
自分《じぶん》のため。
こころとからだを
整《ととの》えてくれるよ。

ていねいにいたしますと
こころが整《ととの》いますぞ…
シャカ
シャカ

絶《た》えず正《ただ》しき作法《さほう》を修《おさ》むることにより、人《ひと》の身体《しんたい》のすべての部分《ぶぶん》及《およ》び機能《きのう》に完全《かんぜん》なる秩序《ちつじょ》を生《しょう》じ、身体《しんたい》と環境《かんきょう》とが完《まった》く調和《ちょうわ》して肉体《にくたい》に対《たい》する精神《せいしん》の支配《しはい》を表現《ひょうげん》するに至《いた》る……

まず動作《どうさ》をていねいに！

このことばは、不安《ふあん》なこころをコントロールする方法《ほうほう》を、アドバイスしてくれているよ。それは、礼儀《れいぎ》や作法《さほう》の通《とお》りに、動作《どうさ》をていねいにするってこと。

礼儀《れいぎ》や作法《さほう》は人《ひと》からよく見《み》られるためだって、きみは思《おも》っているかもしれないね。でもそれは、なにより自分自身《じぶんじしん》のこころのためだよ。動作《どうさ》を整《ととの》えれば、自然《しぜん》にこころも整《ととの》うもの。こころとからだは、深《ふか》くつながっているよ。

姿勢《しせい》をよくしたり、大《おお》きな声《こえ》で挨拶《あいさつ》をしたり。そういう、1つ1つの動作《どうさ》をていねいにすることで、きみは自分《じぶん》のこころを、心配事《しんぱいごと》から切《き》りはなすことができる。こころをコントロールするひけつ、それが礼儀《れいぎ》や作法《さほう》だよ。

試験《しけん》や発表会《はっぴょうかい》で、不安《ふあん》な気《き》もちになったときには、ていねいな動作《どうさ》で、礼儀《れいぎ》や作法《さほう》をきちんとしてみよう。こころが落《お》ち着《つ》いて、ふだんの力《ちから》を出《だ》し切《き》ることができるからね。

弱気《よわき》になってしまうとき…

苦《くる》しいときでも、
文句《もんく》は口《くち》にしない。
自分《じぶん》も
まわりの人《ひと》も、
つらくなって
しまうよ。

勇《ゆう》の鍛錬《たんれん》は呟《つぶや》かずして忍耐《にんたい》することを銘記《めいき》せしめ、他方《たほう》において礼《れい》の教訓《きょうくん》は我々《われわれ》自身《じしん》の悲哀《ひあい》もしくは苦痛《くつう》を露《あらわ》すことにより他人《たにん》の快楽《かいらく》もしくは安静《あんせい》を害《がい》せざるよう要求《ようきゅう》する。

弱音《よわね》はみんなをダメにする！

苦《くる》しいときはだれでも、弱気《よわき》になってしまうよね。ついつい、弱音《よわね》をはきたくなるかもしれない。でも『武士道《ぶしどう》』は、そんなときこそ、グッとがまんすることがだいじだといっているよ。

弱音《よわね》というものは、つらく苦《くる》しい状況《じょうきょう》に耐《た》えている自分《じぶん》を、くじけさせてしまうもの。「自分《じぶん》にはむずかしい……」「もう無理《むり》だ！」なんて口《くち》にしたことで、本当《ほんとう》はもう少《すこ》しがんばることができたのに、それができなくなることだってあるんだ。それだけじゃない。きみの弱音《よわね》を聞《き》いたまわりの人《ひと》を不《ふ》安《あん》にしたり、イヤな気《き》もちにさせてしまったり、よくない結《けっ》果《か》を引《ひ》き起《お》こしてしまうよ。

つらいときにがまんすることは、勇気《ゆうき》をもつ練習《れんしゅう》になるし、相手《あいて》を思《おも》いやる礼儀《れいぎ》の土台《どだい》にもなる。苦《くる》しいときには、そのことを思《おも》い出《だ》してみよう！

コラム

そもそも『武士道《ぶしどう》』ってどんなもの？

『武士道《ぶしどう》』は、明治時代《めいじじだい》の1899年《ねん》に、新渡戸稲造《にとべいなぞう》という人《ひと》が英《えい》語《ご》で書《か》いた本《ほん》だよ。日本人《にほんじん》の新渡戸《にとべ》は、どうして英語《えいご》で『Bushido《ブシドー》 The Soul of Japan《ザ ソウル オブ ジャパン》（武士道《ぶしどう》 日本《にほん》の魂《たましい》）』を書《か》いたんだろう？

それは新渡戸《にとべ》が、この本《ほん》を通《つう》じて日本《にほん》のことを外国人《がいこくじん》に伝《つた》えたかったからだよ。そのころ世界《せかい》では、日本《にほん》はあまり知《し》られていなかった。新渡戸《にとべ》は、「日本人《にほんじん》ってどういう人《ひと》？」という質問《しつもん》の答《こた》えには、「武士《ぶし》の生《い》き方《かた》」の紹介《しょうかい》こそがぴったりと考《かんが》えたんだ。

『武士道《ぶしどう》』の出版《しゅっぱん》に前後《ぜんご》して、中国《ちゅうごく》やロシアに戦争《せんそう》で勝《か》った日本《にほん》は、世界《せかい》で注目《ちゅうもく》されはじめた。だから『武士道《ぶしどう》』はすぐ、いろいろな国《くに》でベストセラーになったよ。でも人気《にんき》の大《おお》きな理由《りゆう》は、『武士《ぶし》道《どう》』が伝《つた》えた生《い》き方《かた》に、世界《せかい》の人《ひと》びとがとても感動《かんどう》したからなんだ。

日本《にほん》での翻訳《ほんやく》は1908年《ねん》。『武士道《ぶしどう》』は、それまで日本《にほん》でも英語《えいご》で読《よ》まれていたけど、翻訳《ほんやく》でさらに多《おお》くの人《ひと》に広《ひろ》まった。そしていまでも、たくさんの人《ひと》に愛《あい》されているよ。

第《だい》2章《しょう》

ピンチを乗《の》りこえていくには？

「困《こま》ったことになった！」「どうしたらいいのかわからない……」。
この章《しょう》では、思《おも》いもしなかった困難《こんなん》に出会《であ》ってしまったときに、
それを乗《の》りこえて、チャンスとして生《い》かす方法《ほうほう》を見《み》つけよう！

目《め》の前《まえ》に苦《くる》しむ人《ひと》がいる！

見《み》て見《み》ぬフリを
しない！
正《ただ》しいことを
するとき、
勇気《ゆうき》ははじめて
生《う》まれるよ。

「義《ぎ》を見《み》てなさざるは勇《ゆう》なきなり」※2〔これをいい直《なお》すと〕「勇《ゆう》とは義《ただ》しき事《こと》をなすことなり」である。

正《ただ》しいことは実行《じっこう》する！

困《こま》っている人《ひと》がいたら助《たす》けてあげる。弱《よわ》いものいじめを見《み》かけたら、ちゃんと注意《ちゅうい》をする。そんなことができる人《ひと》っているよね。その人《ひと》は勇気《ゆうき》があるから、正《ただ》しい行動《こうどう》ができると、きみは思《おも》うんじゃないかな。でも『武士道《ぶしどう》』によると、どうやらそうではないらしいよ。

勇気《ゆうき》は、なにもないところからは生《う》まれない。「正《ただ》しいことをしっかり見《み》きわめる」「正《ただ》しいことを実行《じっこう》する」、この2つができて、はじめて勇気《ゆうき》が生《う》まれるってことなんだ。

ものごとを正《ただ》しく判断《はんだん》することは、とてもむずかしい。そして正《ただ》しく行動《こうどう》することは、もっとむずかしい。そこでは自《じ》分《ぶん》の判断《はんだん》を信《しん》じて、行動《こうどう》する強《つよ》さが必要《ひつよう》になるからね。その強《つよ》さこそが、きみに勇気《ゆうき》をあたえてくれるよ。

「勇《ゆう》とは義《ただ》しき事《こと》をなすことなり」ってことばは、そのことを教《おし》えてくれているんだ！

イヤなこと
ばかり起《お》こる

ピンチの
ときこそ、
力《ちから》だめしだよ。
強《つよ》い気《き》もちで
挑戦《ちょうせん》しよう。

「憂《う》き事《こと》のなほこの上《うえ》に積《つ》れかし　限《かぎ》りある身《み》の力《ちから》ためさん」※3

……忍耐《にんたい》と正《ただ》しき良心《りょうしん》とをもってすべての災禍困難《さいかこんなん》に抗《こう》し、
かつこれに耐《た》えよ。

ピンチを生《い》かして実力《じつりょく》をつける！

　ピンチのときには、つぎつぎとイヤなことが起《お》こるもの。でも、それに向《む》き合《あ》うこころの準備《じゅんび》があれば、ピンチはチャンスに変《か》えられるんだって。どういうことだろう？

「憂《う》き事《こと》のなほこの上《うえ》に積《つも》れかし　限《かぎ》りある身《み》の力《ちから》ためさん」。これは、「つらく苦《くる》しい状況《じょうきょう》は自分《じぶん》の限界《げんかい》を知《し》って、それを乗《の》りこえるきっかけになる」という意味《いみ》だよ。つまり、ピンチは自分《じぶん》の力《ちから》がためされる場《ば》だといっているんだ。

　つらいこと、苦《くる》しいことはないほうがいいよね。でも、1度《ど》そんな状況《じょうきょう》になってしまったら、いつまで悩《なや》んでいても、しかたないよ。目《め》の前《まえ》のピンチは自分《じぶん》が成長《せいちょう》するチャンスだと、気《き》もちを切《き》りかえるんだ。

　イヤなことが、自分《じぶん》の力《ちから》を知《し》るきっかけになって、そこから成長《せいちょう》することができる！　そう思《おも》えば、「ピンチだってだいじょうぶ」という、強《つよ》い気《き》もちがもてるはずだよ。

強気《つよき》なだけではいけないの？

強《つよ》がりと勇気《ゆうき》はまちがえやすい。ちがいを知《し》ることがだいじ。

いやしくも武士《ぶし》の少年《しょうねん》にして、「大勇《たいゆう》」と「匹夫《ひっぷ》の勇《ゆう》」とについて聞《き》かざりし者《もの》があろうか。

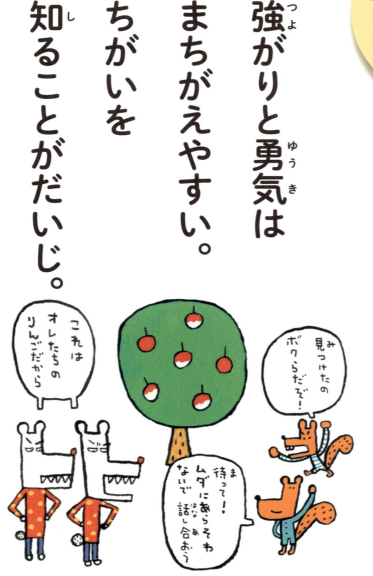

正《ただ》しい勇気《ゆうき》を見《み》きわめる！

本当《ほんとう》の勇気《ゆうき》ってどんなものだろう？　『武士道《ぶしどう》』は、正《ただ》しい勇気《ゆうき》を見《み》わけるための方法《ほうほう》を、このことばで教《おし》えてくれている。その方法《ほうほう》は、「匹夫《ひっぷ》の勇《ゆう》」と「大勇《たいゆう》」という、2つのちがいをしっかり知《し》ることだよ。

「匹夫《ひっぷ》の勇《ゆう》」とは、「匹夫《ひっぷ》」＝つまらない人《ひと》が、「こんなのへっちゃらだ」とむやみに強《つよ》がってみたり、いいところをみせようとして、前《まえ》のめりになって行動《こうどう》することだよ。「大勇《たいゆう》」はその反対《はんたい》で、正《ただ》しいことをしっかりと考《かんが》えて、正《ただ》しい行動《こうどう》がとれること。「匹夫《ひっぷ》の勇《ゆう》」と「大勇《たいゆう》」とは、まったくちがうものだよね。

勇気《ゆうき》をもちたい、という気《き》もちはだいじ。でもきみの勇気《ゆうき》が、「匹夫《ひっぷ》の勇《ゆう》」になってはいけないんだ。せっかく行動《こうどう》しても、自分《じぶん》にもまわりにも、よくない結果《けっか》を生《う》んでしまうよ。2つの「勇《ゆう》」のちがいを、しっかりおぼえておこう！

ケンカしそうになったとき

つまらない人《ひと》は相手《あいて》にしない。それも強《つよ》さだよ。

「負《ま》くるは勝《かち》」という俚諺《りげん》があるが、これは真《しん》の勝利《しょうり》は暴敵《ぼうてき》に抵抗《ていこう》せざることに存《そん》するを意味《いみ》したものである。

小《ちい》さな勝負《しょうぶ》にこだわらない！

「負《ま》けるが勝《か》ち」って、きみも聞《き》いたことがあるんじゃないかな？　小《ちい》さな勝負《しょうぶ》では負《ま》けても、長《なが》い目《め》で見《み》れば、結局《けっきょく》はそれが勝《か》ちになるということわざだよ。このことばも、勝負《しょうぶ》にはこだわるべきだけれど、ときには目《め》の前《まえ》の勝《か》ち負《ま》けよりも、もっとたいせつなことがあるといっている。

戦《たたか》うときには、全力《ぜんりょく》で勝利《しょうり》をめざさなくてはいけない。それが勝負《しょうぶ》する相手《あいて》への礼儀《れいぎ》だし、なによりも、きみの力《ちから》をのばしていくために必要《ひつよう》なこと。でも、理由《りゆう》もないのに、悪口《わるぐち》をいわれるようなときには、そんな悪口《わるぐち》は相手《あいて》にしないことだよ。自分《じぶん》の誇《ほこ》りは守《まも》るべきだけれど、つまらない人《ひと》を相手《あいて》にしていては、ムダな時間《じかん》をすごすだけで、自分《じぶん》の成長《せいちょう》にもつながらないからね。

勝負《しょうぶ》は真剣《しんけん》に！　だけどつまらないことにはかかわらないで、自分《じぶん》をたいせつにする。そんなよゆうが必要《ひつよう》だよ。

もうダメかもしれない!?

「あきらめのよさ」に
逃《に》げてはいけない。
かんたんに、
なげださない
ことだよ。

真《しん》の武士《ぶし》にとっては、死《し》を急《いそ》ぎもしくは
死《し》に媚《こ》びるは等《ひと》しく卑怯《ひきょう》であった。

あきらめるときは慎重《しんちょう》に！

スポーツの試合《しあい》でも、テストのときでも、「もうダメかもしれない……」と思《おも》う瞬間《しゅんかん》ってあるよね。そんなとき、きみはどうするかな。もう少《すこ》しがんばってみる？　それとも、きっぱりあきらめる？　『武士道《ぶしどう》』によると、さっさとあきらめてしまうのは、卑怯《ひきょう》なんだって。

どうしようもないときに、見切《みき》りをつけることはだいじ。ものごとは、うまくいくことばかりではないからね。でもそのときには、「自分《じぶん》は逃《に》げていない？」って、自分《じぶん》のこころにしっかりと問《と》いかけることがたいせつだよ。「あきらめのよさ」は、ときには困難《こんなん》から逃《に》げたい、という気《き》もちから生《う》まれることがあるからね。「逃《に》げ」の気《き》もちは、自分《じぶん》ではなかなか気《き》づけない。だから注意《ちゅうい》が必要《ひつよう》なんだ。

あきらめることは、その気《き》になればいつでもできる。だからこそ、その決断《けつだん》には、慎重《しんちょう》にならなければいけないよ。

たいへんなことになった！

冷静《れいせい》さは すべての勇気《ゆうき》の 土台《どだい》だよ。

真《しん》に勇敢《ゆうかん》なる人《ひと》は常《つね》に沈着《ちんちゃく》である。

静《しず》かな勇気《ゆうき》を忘《わす》れない！

　勇気《ゆうき》といえば、どんなことにもくじけないで、思《おも》い切《き》って行動《こうどう》する、そんな勇《いさ》ましいイメージがあるかもしれない。でもじつは勇気《ゆうき》には、「静《しず》かな勇気《ゆうき》」というものもあるって、『武士道《ぶしどう》』はいっているよ。

　予想《よそう》もしなかったつらいこと、悲《かな》しいことがあっても、こころは乱《みだ》さない。そして、目《め》の前《まえ》の問題《もんだい》を、まず落《お》ち着《つ》いて受《う》け入《い》れる……。それが「静《しず》かな勇気《ゆうき》」だよ。病気《びょうき》やけが、事故《じこ》や災害《さいがい》のときには、ふだん冷静《れいせい》な人《ひと》でもこころが動揺《どうよう》するし、頭《あたま》が混乱《こんらん》してしまうもの。でも、そんなときこそ、「静《しず》かな勇気《ゆうき》」を思《おも》い出《だ》してほしい。落《お》ち着《つ》いたこころでいること、それはりっぱな勇気《ゆうき》なんだ。

　現実《げんじつ》をしっかり見《み》つめる「静《しず》かな勇気《ゆうき》」は、すべての勇気《ゆうき》の土台《どだい》。それは、きみがつぎの行動《こうどう》をとるための勇気《ゆうき》へと、つながっていくものだよ。

コラム 新渡戸稲造《にとべいなぞう》ってどんな人《ひと》？
～太平洋《たいへいよう》のかけ橋《はし》になる！～

新渡戸稲造《にとべいなぞう》は武士《ぶし》のこどもとして、江戸時代《えどじだい》の1862年《ねん》に生《う》まれたよ。明治時代《めいじじだい》になって、武士《ぶし》という身分《みぶん》はなくなったけど、新渡《にと》戸《べ》は「武士《ぶし》の子《こ》」として、きびしく育《そだ》てられたんだ。

新渡戸《にとべ》は15歳《さい》の年《とし》に札幌農学校《さっぽろのうがっこう》に入学《にゅうがく》、英語《えいご》や農学《のうがく》を熱心《ねっしん》に勉《べん》強《きょう》したよ。さらに「太平洋《たいへいよう》のかけ橋《はし》になる」という夢《ゆめ》の実現《じつげん》のために、アメリカに留学《りゅうがく》。そこで知《し》り合《あ》ったアメリカ人女性《じんじょせい》のメリーと結婚《けっこん》、先生《せんせい》になるために日本《にほん》へ帰《かえ》ってきたんだ。

札幌農学校《さっぽろのうがっこう》の教師《きょうし》になった新渡戸《にとべ》は、こどもを亡《な》くしてしまい、自分《じぶん》も病気《びょうき》になって、数年《すうねん》で仕《し》事《ごと》をやめることに。でもくじけずに、病気《びょうき》の療養《りょうよう》をしながら書《か》いたのが、『武士道《ぶしどう》』なんだ。

世界的《せかいてき》に有名《ゆうめい》になった新渡戸《にとべ》は、1920年《ねん》には国際連盟《こくさいれんめい》の責任者《せきにんしゃ》の1人《ひとり》に選《えら》ばれた。国《くに》と国《くに》とのかけ橋《はし》になるため、努力《どりょく》を続《つづ》けた新渡戸《にとべ》は、1933年《ねん》、71歳《さい》でカナダで急《きゅう》に亡《な》くなるまで、世界《せかい》の平和《へいわ》のために働《はたら》き続《つづ》けたんだよ。

第《だい》3章《しょう》

人とよい関係《かんけい》をつくるには？

「つい頭《あたま》にきてしまった！」「親《した》しい友《とも》だちがほしいけど……」。この章《しょう》では、まわりの人《ひと》との関係《かんけい》がうまくいかないときの、人《ひと》との接《せっ》し方《かた》のひけつを教《おし》えてもらおう！

嫌《きら》われたくは ないけれど…

臣《しん》が君《きみ》と意見《いけん》を異《こと》にする場合《ばあい》、彼《かれ》の取《と》るべき忠義《ちゅうぎ》の途《みち》は
……あらゆる手段《しゅだん》をつくして君《きみ》の非《ひ》を正《ただ》すにあった。

たいせつな人《ひと》が
まちがっていたら、
きっぱり忠告《ちゅうこく》しよう。
それが本当《ほんとう》に相手《あいて》を
たいせつにすること。

嫌《きら》われる覚悟《かくご》も必要《ひつよう》！

たいせつな人《ひと》がまちがったことをしていたら、きみだったらどうするかな。相手《あいて》の気《き》もちにさからっていても、本気《ほんき》で忠告《ちゅうこく》すべきだって、『武士道《ぶしどう》』はいっているよ。

「忠義《ちゅうぎ》」というのは、主人《しゅじん》や目上《めうえ》の人《ひと》のために全力《ぜんりょく》をつくすこと。それは、たいせつな人《ひと》を1番《ばん》に想《おも》って、その人《ひと》のためになることを実行《じっこう》することだよ。もしそれが原因《げんいん》で、その人《ひと》に嫌《きら》われるとしても、相手《あいて》のためになる行動《こうどう》を選《えら》ぶ。そんな強《つよ》さが必要《ひつよう》だよ。だれでも、人《ひと》に注意《ちゅうい》されるのはイヤなもの。信頼《しんらい》している人《ひと》からいわれたら、なおさらきずつくかもしれないね。仲《なか》よくしてきた関係《かんけい》が、こわれてしまうことだってある。でも、相手《あいて》が「たいせつな人《ひと》」だからこそ、勇《ゆう》気《き》を出《だ》して正《ただ》しいことを伝《つた》えなくてはいけないよ。

そのときは理解《りかい》してもらえなくても、きみのまっすぐな気《き》もちが伝《つた》われば、相手《あいて》だってきっとわかってくれるよ！

おたがいに成長《せいちょう》するには？

実《じつ》に勇《ゆう》と名誉《めいよ》とは等《ひと》しく、平時《へいじ》において
友《とも》たるに値《あたい》する者《もの》のみを、戦時《せんじ》における
敵《てき》としてもつべきことを要求《ようきゅう》する。

すぐれた
ライバルは
自分《じぶん》を成長《せいちょう》させる
エネルギーだよ。

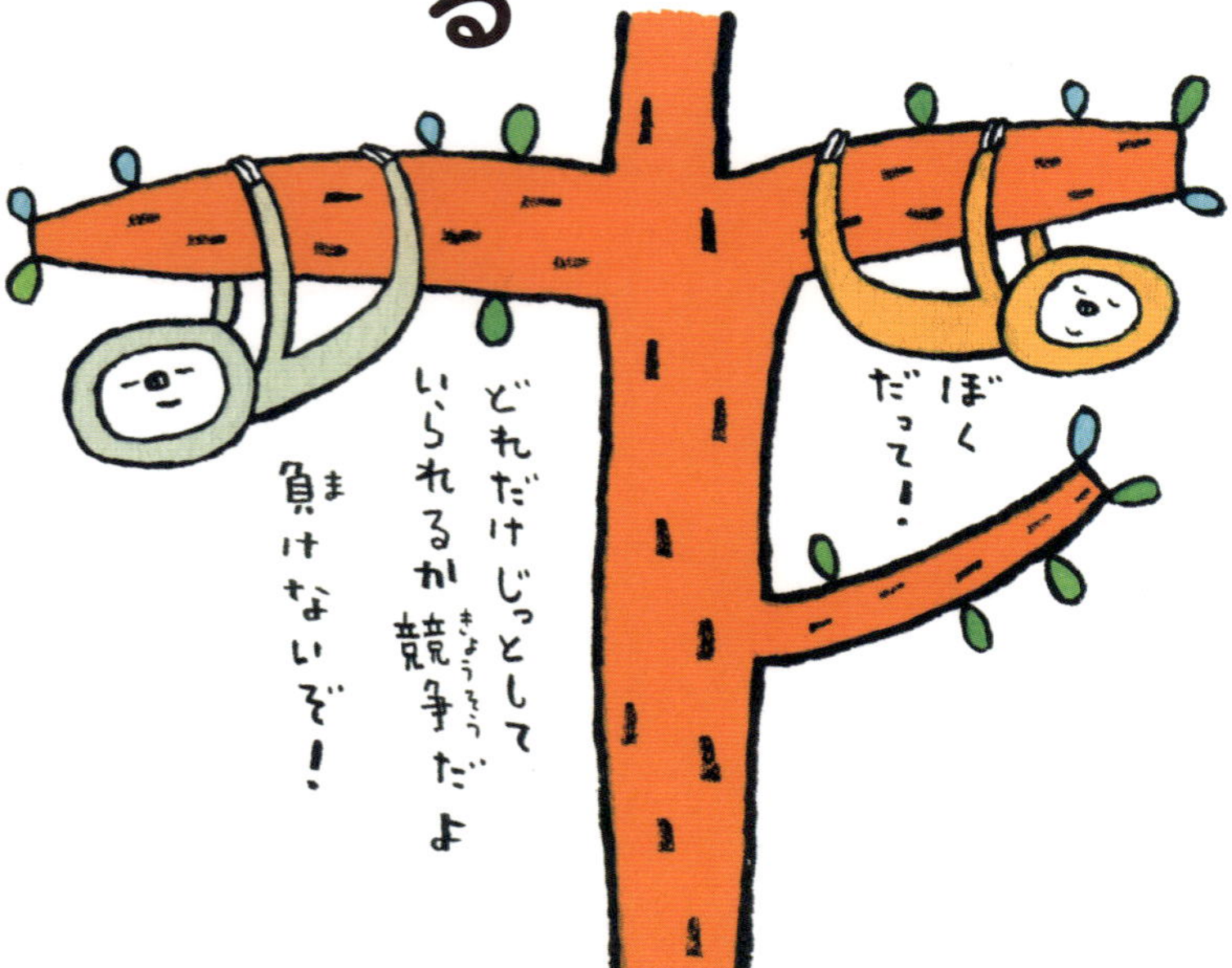

ぼくだって！
どれだけじっとしていられるか競争《きょうそう》だよ
負《ま》けないぞ！

切磋琢磨《せっさたくま》が自分《じぶん》を育《そだ》てる！

　きみは「切磋琢磨《せっさたくま》」って、聞《き》いたことがあるかな？　相手《あいて》と競《きそ》い合《あ》うことで、おたがいが向上《こうじょう》するという四字熟語《よじじゅくご》だよ。『武士道《ぶしどう》』は、この「切磋琢磨《せっさたくま》」ができるライバルこそ、きみにとっての本当《ほんとう》の友《とも》だちになる。だからそんな人《ひと》との関係《かんけい》こそ、たいせつにしようといっている。

　勉強《べんきょう》でもスポーツでも、「負《ま》けたくない！」と思《おも》える相手《あいて》は必要《ひつよう》だよ。ライバルが強《つよ》ければ強《つよ》いほど、きみは負《ま》けないように努力《どりょく》できるし、それは自分《じぶん》のレベルアップにもつながるからね。もしかしたらきみは、「勝《か》ち負《ま》けを意識《いしき》する相手《あいて》なんていらない」と思《おも》うかもしれない。でも本気《ほんき》の勝負《しょうぶ》ができるのは、じつはおたがいが認《みと》め合《あ》っているから。そのつながりは、ただの友《とも》だち以上《いじょう》に、きみを成長《せいちょう》させるよ。

　きみの成長《せいちょう》が相手《あいて》の刺激《しげき》にもなるような、おたがいが「切磋琢磨《せっさたくま》」できる、そんな人《ひと》との関係《かんけい》がつくれるといいね！

あんなに
怒《おこ》らなくても…

本当《ほんとう》のやさしさには、きびしさというスパイスも必要《ひつよう》だよ。

我々《われわれ》は無差別的《むさべつてき》なる愛《あい》に溺《おぼ》れることなく、正義《せいぎ》と道義《どうぎ》とをもってこれに塩《しお》つくべきことを誡《いまし》められた。

あなたのために いってるの！
ありがたいですけど
お母《かあ》さんの
塩《しお》
多《おお》すぎ…

やさしさときびしさはセット！

だれだって、「勉強《べんきょう》しなさい」とか「かたづけをしなさい」とか、親《おや》からいきなりいわれたら、思《おも》わず頭《あたま》にきちゃうよね。でも、きつい注意《ちゅうい》は、きみを心配《しんぱい》するやさしさがあるからだって、考《かんが》えたことはあるかな？

「正義《せいぎ》と道義《どうぎ》とをもってこれに塩《しお》つくべき」ということばは、料理《りょうり》に塩《しお》で味《あじ》つけをするように、やさしさにはきびしさが必要《ひつよう》という意味《いみ》。人《ひと》からやさしくされれば、うれしい気《き》もちになるのは、とても自然《しぜん》なこと。でももし、やさしさだけだったらどうだろう？　きみのこころに生《う》まれる甘《あま》えの気《き》もちが、きみの成長《せいちょう》をじゃましてしまうかもしれないよ。だからこそ、ときにはきびしさをもつことがだいじなんだ。

やさしさときびしさはセット。親《おや》のきびしい注意《ちゅうい》には、きみにしっかり成長《せいちょう》してもらいたいという強《つよ》い気《き》もちがあるってこと、ときには思《おも》い出《だ》してほしいな。

礼儀《れいぎ》って なんだろう？

相手《あいて》の立場《たちば》になって
悲《かな》しみも喜《よろこ》びも
想像《そうぞう》する。
それこそが、
本物《ほんもの》の礼儀《れいぎ》だよ。

礼《れい》の吾人《ごじん》に要求《ようきゅう》するところは、泣《な》く者《もの》と共《とも》に泣《な》き、
喜《よろこ》ぶ者《もの》と共《とも》に喜《よろこ》ぶことである。

おなかすいてるのかな？
お母《かあ》さんにしかられたのかな？
元気《げんき》になるまでここにいるよ

相手《あいて》の気《き》もちによりそって！

「正《ただ》しいことを実行《じっこう》する」「苦《くる》しいことがあっても、勇気《ゆうき》を出《だ》す」……それがだいじだと『武士道《ぶしどう》』はいうけど、同《おな》じくらいたいせつなことがある。それは「礼儀《れいぎ》」なんだよ。

礼儀《れいぎ》と聞《き》くと、なんだか肩《かた》に力《ちから》が入《はい》りすぎてしまうかもしれないね。でもだいじょうぶ！　それは、そんなにむずかしいことではないんだ。思《おも》いやりをもって、相手《あいて》の気《き》もちによりそうこと。それこそが、本物《ほんもの》の礼儀《れいぎ》だからね。泣《な》いている人《ひと》がいたら、その人《ひと》の悲《かな》しみを想像《そうぞう》してみる。笑《わら》っている人《ひと》がいたら、その人《ひと》の喜《よろこ》びを感《かん》じとる。相手《あいて》の立場《たちば》になって、その人《ひと》と深《ふか》くつながろうとすると、自然《しぜん》に気《き》もちによりそうことができるはずだよ。

「礼儀正《れいぎただ》しく」は、むずかしくない！　礼儀《れいぎ》の根《ね》っこは、まわりの人《ひと》への思《おも》いやり。ちょっとしたしぐさや態度《たいど》から、きみの気《き》もちは、まわりの人《ひと》に伝《つた》わっていくよ。

とりあえず 仲《なか》はいいけど

信実《しんじつ》と誠実《せいじつ》となくしては、
礼儀《れいぎ》は茶番《ちゃばん》であり芝居《しばい》である。

思《おも》いやりが なければ、 人《ひと》とのつき合《あ》いは 「お芝居《しばい》」と 同《おな》じだよ。

こころをこめて人《ひと》とつき合《あ》う！

礼儀《れいぎ》は相手《あいて》を思《おも》いやることだっていうけれど、もしもその気《き》もちがないと、どうなるだろう？　それは「お芝居《しばい》」みたいなものだって、『武士道《ぶしどう》』はきっぱりといっているよ。「お芝居《しばい》」ということは、礼儀正《れいぎただ》しい人《ひと》を「ただ演《えん》じている」ということ。それは、うわべだけをとりつくろって、人《ひと》とつき合《あ》っているのと同《おな》じ。相手《あいて》への思《おも》いやりのない礼儀《れいぎ》は、中身《なかみ》のないにせものってことだよ。

もしかしたら、きみのまわりにも、「ていねいすぎて、なんだかイヤな感《かん》じの人《ひと》」がいるかもしれないね。それはきっと、礼儀正《れいぎただ》しさを「演《えん》じている」ことが、きみに伝《つた》わってしまっているからなんだ。こころからの気《き》もちがなくては、ていねいさはかえって失礼《しつれい》だよ。

人《ひと》と接《せっ》するときは、相手《あいて》を想《おも》う気《き》もちがだいじ！　かたちだけにならないように、こころをこめて人《ひと》とつき合《あ》おう！

つらい気《き》もちの人《ひと》がいる

けだし我《わ》が国民《こくみん》の笑《わら》いは最《もっと》もしばしば、逆境《ぎゃっきょう》によって擾《みだ》されし時《とき》心《こころ》の平衡《バランス》を恢復《かいふく》せんとする努力《どりょく》を隠《かく》す幕《まく》である。

悲《かな》しみや怒《いか》りを、笑顔《えがお》でこらえている人《ひと》もいる。そのことをおぼえておこう。

かっぱさんといると楽《たの》しい！
ぼくもうれしいよ！
ひまわりちゃんがよろこんでくれると…

気《き》づかいを忘《わす》れない！

　本当《ほんとう》は悲《かな》しい気《き》もちなのに、まわりの人《ひと》を心配《しんぱい》させないように、無理《むり》に楽《たの》しそうにしている……。そんな人《ひと》のことを、「顔《かお》で笑《わら》ってこころで泣《な》いて」というよ。『武士道《ぶしどう》』のこのことばも、同《おな》じことをいっているんだ。

　悲《かな》しいときに泣《な》いたり、腹《はら》が立《た》ったときに怒《おこ》るのは、ふつうのこと。でも、その気《き》もちをあらわさないで、反対《はんたい》に笑顔《えがお》を見《み》せる人《ひと》もいるよ。人《ひと》の気《き》もちは、目《め》に見《み》えるものばかりじゃないからね。まわりの人《ひと》に迷惑《めいわく》をかけないで、自分自身《じぶんじしん》をはげますために、その人《ひと》は「いつも通《どお》りにしよう」と、努《ど》力《りょく》をしているかもしれないよ。

　だからもし、きみが笑顔《えがお》の人《ひと》に出会《であ》っても、相手《あいて》の気《き》もちをきめつけてしまわないで、その人《ひと》のこころを想像《そうぞう》することだよ。それだけできみは、いまよりもっと、人《ひと》の気《き》もちを思《おも》いやることができるはずだよ！

コラム

『武士道《ぶしどう》』はどんな人《ひと》が読《よ》んでいるの？

あっという間《ま》に世界中《せかいじゅう》で翻訳《ほんやく》された『武士道《ぶしどう》』は、日本《にほん》を知《し》るための本《ほん》として注目《ちゅうもく》されただけではなく、「どうやって生《い》きるか？」を学《まな》ぶための本《ほん》として、たくさんの人《ひと》に読《よ》みつがれてきたよ。

アメリカでは、大統領《だいとうりょう》のセオドア・ローズベルトが、「私《わたし》は日本《にほん》については知《し》らないが、この本《ほん》についてはよく知《し》っている」といって、家族《かぞく》や友《とも》だちに本《ほん》を配《くば》るほどの大《だい》ファンになったよ。それに発明王《はつめいおう》エジソンや、日本《にほん》で最初《さいしょ》の首相《しゅしょう》、伊藤博文《いとうひろぶみ》など、多《おお》くの人《ひと》びとが愛読《あいどく》したといわれている。ヨーロッパのある軍人《ぐんじん》は、きびしい戦場《せんじょう》にいた２年間《ねんかん》、自分《じぶん》をはげましてくれたのはいつも『武士道《ぶしどう》』だったといって、真剣《しんけん》な表情《ひょうじょう》で新渡戸《にとべ》にお礼《れい》をいったくらいなんだ。

『武士道《ぶしどう》』はいまでも、国《くに》のリーダーばかりでなく、スポーツ選手《せんしゅ》や俳優《はいゆう》、ビジネスマンなど、たくさんの人《ひと》びとに読《よ》まれているよ。弱気《よわき》になってしまったときでも、強《つよ》く生《い》きていけるヒントが、『武士道《ぶしどう》』には、ぎっしりつまっているんだ。

第《だい》4章《しょう》

もっと自分《じぶん》を成長《せいちょう》させるには？

「どうして勉強《べんきょう》するの？」「すてきな人《ひと》になりたい！」。
この章《しょう》では、毎日《まいにち》の生活《せいかつ》をもっと充実《じゅうじつ》させて、
こころざしをもって生《い》きるためには、どうすればいいかを考《かんが》えよう！

すぐれた人《ひと》になるには？

得意《とくい》なことは、ひけらかさない！人《ひと》に知《し》られずに、自分《じぶん》をみがこう。

武士道《ぶしどう》は刀《かたな》の無分別《むふんべつ》なる使用《しよう》を是認《ぜにん》するか。答《こた》えて曰《いわ》く、断《だん》じてしからず！

能力《のうりょく》はむやみに使《つか》わない！

「武士《ぶし》といえば刀《かたな》」というイメージだよね？　でもじつは、武士《ぶし》は刀《かたな》を使《つか》うことにとても慎重《しんちょう》だったよ。その理由《りゆう》は、武《ぶ》士《し》にとっての刀《かたな》は、自分《じぶん》の地位《ちい》や力《ちから》の「しるし」、だったからなんだ。

自分《じぶん》の力《ちから》をむやみに使《つか》ったり、ひけらかしたりするのは、はずかしいことだと、『武士道《ぶしどう》』は教《おし》えてくれているよ。もしきみに、人《ひと》よりもすぐれた能力《のうりょく》があれば、それは武士《ぶし》にとっての刀《かたな》と同《おな》じもの。実力《じつりょく》があるからといって、けっしてうぬぼれたりしないで、自分《じぶん》にあたえられた能力《のうりょく》にはずかしくないように、自分自身《じぶんじしん》をきたえよう。せっかくの刀《かたな》、さびつかせてしまってはいけないよ。

あたりまえだけど、自信《じしん》があるからといって、人《ひと》にじまんをしたり、みせびらかしたりするのはかっこ悪《わる》い！　きみにとっての「武士《ぶし》の刀《かたな》」、たいせつにすることだよ。

どう学《まな》べばいいの？

学《まな》んだことが
伝《つた》わらない、
そんな勉強《べんきょう》は
にせもの。
本物《ほんもの》の勉強《べんきょう》は、
品性《ひんせい》にあらわれるよ。

知識《ちしき》はこれを学《まな》ぶ者《もの》の心《こころ》に同化《どうか》せられ、
その品性《ひんせい》に現《あら》われる時《とき》においてのみ、真《しん》に知識《ちしき》となる……

いぬくんて
品性《ひんせい》がにじみ出《で》てる感《かん》じ
やあ
おじょうさん ごきげんいかが
ですか？

勉強《べんきょう》はこころの栄養《えいよう》！

きみは毎日《まいにち》、学校《がっこう》で勉強《べんきょう》しているよね。でも、どうして勉《べん》強《きょう》するのか、ちゃんと考《かんが》えたことはあるかな？『武士道《ぶしどう》』のこのことばは、その理由《りゆう》をきみに教《おし》えてくれているよ。

勉強《べんきょう》する理由《りゆう》は、人《ひと》によってちがうもの。いい学校《がっこう》、いい会社《かいしゃ》に入《はい》るためだったり、勉強《べんきょう》そのものが好《す》きな人《ひと》だって、いるかもしれないね。そのどれも、だいじな理由《りゆう》だよ。

でも『武士道《ぶしどう》』は、勉強《べんきょう》することの本当《ほんとう》の目的《もくてき》は、学《まな》んだことを頭《あたま》だけでなく、こころの栄養《えいよう》にもすることだっていっている。それは、きみの「品性《ひんせい》」を育《そだ》てるため。「品性《ひんせい》」とは、相手《あいて》への思《おも》いやりを忘《わす》れないで、なにが正《ただ》しいかを考《かんが》えて行《こう》動《どう》する力《ちから》のことだよ。

身《み》についた「品性《ひんせい》」は、きみの魅力《みりょく》になって、まわりの人《ひと》にも伝《つた》わるよ。それは人《ひと》との関係《かんけい》を、すてきなものにしてくれる。「品性《ひんせい》」を育《そだ》てるのを、忘《わす》れないようにしよう！

お金《かね》もちになりたい！

お金《かね》はだいじ。
でも
こだわりすぎると、
ふりまわされるよ。

金銭《きんせん》と金銭欲《きんせんよく》とを力《つと》めて無視《むし》したるにより、
武士道《ぶしどう》は金銭《きんせん》に基《もと》づく凡百《ぼんぴゃく》の弊害《へいがい》から
久《ひさ》しく自由《じゆう》であることをえた。

おじさん
しあわせそう！
あんまり もうからないけど
いい豆《まめ》で うまいとうふができると
うれしいね！
とうふ

お金《かね》には注意《ちゅうい》しよう！

このことばは、きみがお金《かね》とどうつき合《あ》っていけばいいかを、教《おし》えてくれているよ。『武士道《ぶしどう》』と「お金《かね》」なんて、なんだか意外《いがい》な感《かん》じがするね。

お金《かね》は生活《せいかつ》のため、なくてはならないものだよ。きみがくらしていけるのも、家族《かぞく》のだれかが仕事《しごと》をして、お金《かね》をかせいでくれるおかげだからね。でも『武士道《ぶしどう》』は、お金《かね》にこだわりすぎてもいけないといっている。どうしてだろう？

それは、人《ひと》はお金《かね》というものに、ふりまわされやすいから。お金《かね》がたくさんあると、その考《かんが》え方《かた》や行動《こうどう》が、お金中心《かねちゅうしん》になってしまう場合《ばあい》があるからね。反対《はんたい》にお金《かね》が足《た》りなくても、同《おな》じようにふりまわされてしまうものだよ。

お金《かね》の力《ちから》は大《おお》きいから、そのつき合《あ》い方《かた》には注意《ちゅうい》が必要《ひつよう》だよ。お金《かね》にはこだわりすぎないで、自分《じぶん》のやるべきことに目《め》を向《む》けて、1つ1つしっかりやっていこう！

本当《ほんとう》のプライドって？

繊細《せんさい》なる名誉《めいよ》の掟《おきて》の陥《おち》りやすき病的《びょうてき》なる行《い》き過《す》ぎは、寛大《かんだい》および忍耐《にんたい》の教《おし》えによって強《つよ》く相殺《そうさい》された。

プライドの
育《そだ》ちすぎは危険《きけん》。
こころの広《ひろ》さと
がまんを、
ブレーキにしよう。

人《ひと》の忠告《ちゅうこく》はたいせつに！

『武士道《ぶしどう》』には、プライドをもって生《い》きるためのヒントがつまっていたね。でも、このことばは、プライドの育《そだ》ちすぎには気《き》をつけようって、注意《ちゅうい》しているんだ。

プライドは、きみを努力《どりょく》させてくれるだいじなもの。「自《じ》分《ぶん》はもっとできるはず！」「ライバルには負《ま》けられない」とがんばることができるのも、きみにプライドがあるから。だけど、プライドばかりが高《たか》くなっても、いけないよ。人《ひと》のアドバイスが聞《き》けなくなったり、自分《じぶん》だけのルールにこだわったりして、かえってきみの成長《せいちょう》をじゃましてしまうからね。

プライドをきちんと育《そだ》てるには、「広《ひろ》いこころ」と「がまん強《づよ》さ」という、2つのブレーキが必要《ひつよう》なんだ。

本物《ほんもの》のプライドをもっている人《ひと》は、どんな意見《いけん》からも素直《すなお》に学《まな》ぶものだよ。もしも人《ひと》から注意《ちゅうい》されても、広《ひろ》いこころでグッとがまん！　まずは、そこからはじめてみよう。

自分《じぶん》を ふりかえるとき

人《ひと》から笑《わら》われないか、
はずかしくないかは、
自分《じぶん》を見《み》つめなおす
ときの基準《きじゅん》だよ。

廉恥心《れんちしん》は少年《しょうねん》の教育《きょういく》において養成《ようせい》せらるべき
最初《さいしょ》の徳《とく》の一《ひと》つであった。

さぼっちゃえー
と思《おも》ったけど
あれっ、なんだか
はずかしいような…

はずかしいことはしない！

なにかを行動《こうどう》する前《まえ》に、「みんなに笑《わら》われるかも」「はずかしくないようにしよう」と考《かんが》えたこと、きみにもあるかもしれないね。きみは、「つまらないことを気《き》にしすぎかな」って、心配《しんぱい》しているかもしれない。でもそれは、きみが成長《せいちょう》していくためには、必要《ひつよう》な感覚《かんかく》なんだって。

「廉恥心《れんちしん》」は、人《ひと》としてはずかしいことはしない、という気《き》もちのこと。『武士道《ぶしどう》』は、その気《き》もちをけっして忘《わす》れてはいけない、といっている。それは、きみが自分《じぶん》に誇《ほこ》りをもっている証拠《しょうこ》なんだよ。人《ひと》は、自分《じぶん》の誇《ほこ》りを守《まも》るためだったら、ふだん以上《いじょう》に努力《どりょく》することができるものだからね。

でもそれは、人《ひと》の評価《ひょうか》ばかりを気《き》にすることとはちがうよ。それは、なによりも自分自身《じぶんじしん》を見《み》つめるための基準《きじゅん》なんだ。行動《こうどう》するときには、「はずかしくないか」って、自分《じぶん》のこころをチェックすることだよ！

夢《ゆめ》を実現《じつげん》させよう！

シンプルで むだがない ベストな方法《ほうほう》は、どんなときでも 必《かなら》ず見《み》つかるよ。

何《なに》かをなさんとする時《とき》は、それをなすに最善《さいぜん》の道《みち》があるに違《ちが》いない。しかして最善《さいぜん》の道《みち》は最《もっと》も経済的《けいざいてき》であると同時《どうじ》に最《もっと》も優美《ゆうび》なる道《みち》である。

解決方法《かいけつほうほう》はきっとシンプル！

きみにも将来《しょうらい》の夢《ゆめ》ってあるよね？　夢《ゆめ》の実現《じつげん》のために、よく考《かんが》えてしっかり努力《どりょく》するのは、たいせつなこと。でも、どうしても乗《の》りこえられない壁《かべ》があるときには、このことばを思《おも》い出《だ》してほしい。

『武士道《ぶしどう》』は、ものごとの解決方法《かいけつほうほう》は、意外《いがい》とむだがなくてシンプルなことが多《おお》いといっているよ。むずかしい問題《もんだい》を目《め》の前《まえ》にすると、人《ひと》はどうしても、こころもからだもかたくなってしまうもの。本人《ほんにん》はがんばっているのに、自分《じぶん》で問題《もんだい》を複雑《ふくざつ》にしてしまうことだって、あるものだよ。だからこそ、ときには頭《あたま》をやわらかくして、ものごとを考《かんが》えてみる必《ひつ》要《よう》があるんだ。

むずかしい問題《もんだい》の答《こた》えが、むずかしいとは限《かぎ》らない。ベストな解決方法《かいけつほうほう》は、意外《いがい》に近《ちか》くにかくれているかもしれない。

だから、あきらめないことだよ！

もっと知《し》りたい！

『武士道《ぶしどう》』の世界《せかい》

ここでは『武士道《ぶしどう》』にも出《で》てくる、日本人《にほんじん》がながいあいだ親《した》しんできた
慣用句《かんようく》やことわざなどを紹介《しょうかい》するよ。
おぼえたら、ふだんの生活《せいかつ》でも使《つか》ってみよう！

武士《ぶし》の情《なさけ》

「情《なさ》け」とは、人間《にんげん》らしい思《おも》いやりのあるこころのこと。武士《ぶし》のように強《つよ》い立場《たちば》にいる人《ひと》が、弱《よわ》い立場《たちば》の人《ひと》をいたわってあげたり、やさしくしたりすることをいうよ。強《つよ》さやきびしさには、やさしさも必要《ひつよう》なんだね。

胆《きも》を練《ね》る

胆《きも》（きも・たん）は「気力《きりょく》」「精神力《せいしんりょく》」のこと。いろいろなことにおどろかないように、こころをきたえることだよ。「きもだめし」は、もともとは気《き》もちを強《つよ》くするための、トレーニングだったんだ。

獅子《しし》はその児《こ》を千仞《せんじん》の谷《たに》に落《おと》す

ライオンは、生《う》まれたばかりのこどもを深《ふか》い谷《たに》に落《お》として、はい上《あ》がった強《つよ》い子《こ》だけを育《そだ》てる、といわれていたよ。たいせつな相手《あいて》には、わざと試練《しれん》をあたえて成長《せいちょう》させる、という意味《いみ》で使《つか》われるんだ。でも、本当《ほんとう》のライオンの親《おや》はとってもやさしいから、そんなことはできないんだって！

論語《ろんご》読《よ》みの論語《ろんご》知《し》らず

ためになることを「知《し》ってるよ」と得意《とくい》になってじまんしていても、ふだんの生活《せいかつ》で実践《じっせん》できていない人《ひと》のことをいうんだ。『論語《ろんご》』とは、古《ふる》くからだいじにされてきた、孔子《こうし》の教《おし》えをまとめたもの。よい本《ほん》を読《よ》んだらその意味《いみ》を考《かんが》えて、実際《じっさい》の自分《じぶん》の行動《こうどう》に生《い》かそう！

ならぬ堪忍《かんにん》するが堪忍《かんにん》

「もうがまんできない！」と思《おも》ったところから、もうひとがんばり、それが本当《ほんとう》のがまんなんだ。「堪忍《かんにん》」とは、がまんのことだよ。たいへんだけど、なげださないで！

窮鳥懐《きゅうちょうふところ》に入《い》る時《とき》は、猟夫《かりゅうど》もこれを殺《ころ》さず

追《お》いつめられた鳥《とり》が、自分《じぶん》のところに逃《に》げてきたらどうする？ハンターだってかわいそうに思《おも》って、つい助《たす》けてあげるものだよ。相手《あいて》が弱《よわ》って、助《たす》けを求《もと》めてきたら、やさしくしよう。

仁《じん》とは人《ひと》なり

「人《ひと》として生《い》きていくために、もっともたいせつなものは、『仁《じん》』＝大《おお》きな愛情《あいじょう》だ」という意味《いみ》なんだ。中国《ちゅうごく》の古典《こてん》、『中庸《ちゅうよう》』という本《ほん》のことばだよ。自分《じぶん》のことしか考《かんが》えられなくなったときには、このことばを思《おも》い出《だ》そう！

惻隠《そくいん》の心《こころ》

つらそうな人《ひと》を見《み》たとき、相手《あいて》によりそって「かわいそう！」と感《かん》じるこころのこと。『孟子《もうし》』という本《ほん》に出《で》てくるんだ。この「惻隠《そくいん》の心《こころ》」は、「仁《じん》」＝大《おお》きな愛情《あいじょう》が育《そだ》つきっかけだよ。ふっと感《かん》じたやさしい気《き》もちは、たいせつにしよう。

＊表記《ひょうき》は『武士道《ぶしどう》』（新渡戸稲造《にとべいなぞう》・矢内原忠雄《やないはらただお》訳《やく》・岩波文庫《いわなみぶんこ》）に従《したが》っています。

おわりに

『武士道《ぶしどう》』の24のことばを紹介《しょうかい》しましたが、みなさんは「自分《じぶん》に負《ま》けないこころをみがく」ヒントを、見《み》つけることができましたか？

「そうだったのか！」と納得《なっとく》したことばもあれば、「わかったけど、自分《じぶん》でやってみるのはむずかしいな……」と感《かん》じたことばも、あったのではないかと思《おも》います。

『武士道《ぶしどう》』のメッセージはとてもシンプルですが、実行《じっこう》することは、それほどかんたんではありません。おとなにだって、むずかしいものもあります。

でも24のことばのうちの、1つでも2つでもいいので、ふだんの生活《せいかつ》のなかで、実際《じっさい》に自分《じぶん》でやってみましょう！　自分《じぶん》で行動《こうどう》してみることで、きっと本《ほん》を読《よ》んだだけではわからなかった、たくさんのことに気《き》づくことができると思《おも》います。

みなさんの人生《じんせい》には、楽《たの》しいことやうれしいことと同《おな》じくらいに、つらいことや苦《くる》しいことがあると思《おも》います。おとなになったからといって、それがなくなることはありません。でも、だいじょうぶ！　もしもつらくなったら、もう一度《いちど》、この本《ほん》を読《よ》んでみてください。それは思《おも》いもしなかったかたちで、必《かなら》ずみなさんを助《たす》けてくれるはずです。

『武士道《ぶしどう》』のことばは、自分《じぶん》の弱《よわ》さに負《ま》けてしまいそうになったり、希望《きぼう》をなくしてしまったりしたときに、みなさんに新《あたら》しい勇気《ゆうき》をあたえてくれると、ぼくは信《しん》じています！

齋藤《さいとう》　孝《たかし》

● **監修者紹介**

齋藤 孝（さいとう・たかし）

静岡県生まれ。明治大学文学部教授。専門は、教育学、身体論、コミュニケーション論。著書に『声に出して読みたい日本語』（草思社）、『1分間武士道 差がつくビジネス教養1』（SB新書）、『図解葉隠 勤め人としての心意気』（ウェッジ）、『感化する力 吉田松陰はなぜ、人を魅きつけるのか』（日本経済新聞出版社）、『こども孫子の兵法』『こども菜根譚』『こども君主論』『こどもブッダのことば』（いずれも日本図書センター）など多数。NHKEテレ「にほんごであそぼ」総合指導。

● **イラスト**　すがわらけいこ

● **デザイン・編集・制作**　ジーグレイプ株式会社

● **企画・編集**　株式会社日本図書センター

● **参考文献**　『武士道』（新渡戸稲造・矢内原忠雄訳・岩波文庫）／『武士道 日本精神の「華」は、いかに鍛えられたか』（新渡戸稲造・齋藤孝訳・イースト プレス）／『100分de名著ブックス 新渡戸稲造 武士道』（山本博文・NHK出版）／『「武士道」を読む 新渡戸稲造と「敗者」の精神史』（太田愛人・平凡社新書）

自分《じぶん》に負《ま》けないこころをみがく！

こども武士道《ぶしどう》

2018年 1月25日　初版第1刷発行
2018年 3月30日　初版第2刷発行

監修者　齋藤 孝
発行者　高野総太
発行所　株式会社 日本図書センター
〒112-0012 東京都文京区大塚3-8-2
電話　営業部 03-3947-9387
　　　出版部 03-3945-6448
http://www.nihontosho.co.jp
印刷・製本　図書印刷 株式会社

ISBN978-4-284-20414-9　C8012